CONFÉRENCE

Faite à l'Athénée le 2 Février 1867

Par M. P. BOREL

(ENTREPRISE BOREL, LAVALLEY ET Ce)

SUR

LES TRAVAUX D'EXÉCUTION

DU CANAL MARITIME DE SUEZ

PARIS

IMPRIMERIE CENTRALE DES CHEMINS DE FER

A. CHAIX ET Cie

RUE BERGÈRE, 20, PRÈS DU BOULEVARD MONTMARTRE

1867

CONFÉRENCE

Faite à l'Athénée le 2 Février 1867

Par M. P. BOREL

ENTREPRISE BOREL, LAVALLEY ET Cᵉ

SUR

LES TRAVAUX D'EXÉCUTION

DU CANAL MARITIME DE SUEZ

PARIS

IMPRIMERIE CENTRALE DES CHEMINS DE FER

A. CHAIX ET Cⁱᵉ

RUE BERGÈRE, 20, PRÈS DU BOULEVARD MONTMARTRE

1867

CONFÉRENCE

SUR

LES TRAVAUX D'EXÉCUTION

DU CANAL MARITIME DE SUEZ

Séance du 2 Février 1867.

Un auditoire nombreux et distingué se presse dans la salle. A huit heures et demie M. Borel se présente sur l'estrade, et au milieu du silence le plus sympathiquement attentif, il s'exprime en ces termes :

Mesdames et Messieurs,

A plusieurs reprises et dans plusieurs circonstances, le public a été déjà entretenu de l'isthme de Suez. Ces entretiens ont été l'une des tâches les mieux remplies par l'illustre président-fondateur de la Compagnie, M. Ferdinand de Lesseps, non-seulement dans les rapports qu'il a présentés aux assemblées générales des actionnaires, mais aussi dans un grand nombre de conférences qu'il a faites avec succès devant des auditoires nombreux et sympathiques, soit à Paris, soit dans les plus grandes villes de France. M. de Lesseps a eu l'occasion, par conséquent, de raconter comment son œuvre est née, quelles difficultés elle avait déjà rencontrées avant de naître, comment, après sa naissance, ces difficultés se sont accrues, difficultés de toutes sortes : matérielles, techniques, financières, politiques. Il a su intéresser son auditoire par le récit de ce qu'il a fait pour les surmonter avec cette énergie infatigable et cette bonne grâce courageuse qui sont les traits principaux de son caractère; je puis le louer, il est absent. (Très-bien ! très-bien!)

L'une de ces difficultés, l'une des plus grandes sans contredit, a été la suppression du travail des fellahs. Le gouvernement égyptien, en faisant à M. de Lesseps la concession du canal, devait mettre à sa disposition le seul élément de main-d'œuvre sérieuse qui existe en Egypte, je veux dire les fel-lahs, qui sont enrégimentés pour les travaux par corvées. A cette époque et en présence de cet obs-tacle, la Compagnie de l'isthme a dû s'occuper de transformer ses procédés d'exécution. Elle l'a fait par le concours des ingénieurs, des entrepreneurs qui pouvaient l'aider de leur expérience en substi-tuant les machines aux bras des hommes.

C'est dans ces circonstances que j'ai été appelé avec mon associé et camarade d'Ecole polytechique, M. Lavalley, à apporter notre concours à cette exécution. Nous avons visité l'Egypte il y a bientôt deux ans et demi, et, grâce aux progrès de la science, nous avons reconnu qu'il était possible d'exécuter, dans un temps relativement court et avec un nombre de bras relativement restreint, ces immenses travaux auxquels on avait destiné dans l'origine jusqu'à 25 ou 30,000 hommes.

Au mois de septembre dernier, M. Lavalley était en France; il a fait à la Société des ingénieurs civils de Paris une communication technique sur les procédés employés pour ces travaux. J'ai été à mon tour appelé à faire une conférence du même genre aux élèves de l'Ecole impériale des ponts et chaussées, me retrouvant ainsi en face de ces bancs où je m'étais assis comme élève il y a vingt-cinq ans. Cette leçon a été favorablement accueillie, et, bien qu'elle ait roulé sur des procédés entièrement techniques, on a pensé que le même sujet convenablement dépouillé de son appareil scientifique serait de nature à intéresser le public. C'est ce qui m'a encouragé et décidé à affronter devant vous les émotions et les périls d'une conférence publique. (Très-bien! très-bien! — Applaudissements.)

J'ai été soutenu par la pensée que je remplissais un devoir, que je contribuais à populariser une œuvre qui aura dans le monde un retentissement considérable, et j'ai espéré que l'intérêt de l'œuvre suppléerait à l'insuffisance de l'orateur. (Applaudissements.)

Avant d'entrer dans la discussion des procédés que nous employons, et qui paraissent devoir triompher des difficultés de l'entreprise, je crois devoir rappeler sommairement la configuration du terrain sur lequel nous opérons.

L'Égypte, vous le savez, n'est autre chose que la vallée du Nil ; elle représente un grand boyau d'environ 4,000 kilomètres de longueur sur 8 à 10 de largeur seulement, depuis les frontières d'Abyssinie et de Nubie jusqu'au Caire ; à ce point, la vallée du Nil s'épanouit, et forme un grand triangle de 50 à 60 lieues de côté, connu sous le nom de delta du Nil. L'isthme de Suez est cette langue de terre qui sépare la Méditerranée de la mer Rouge, et forme la limite entre l'Afrique et l'Asie. La ligne rouge que vous apercevez sur cette carte est celle du tracé du canal. Il semble que la Providence ait voulu convier les hommes à l'œuvre dont je vous entretiens. La ligne du canal suit une dépression très-marquée qui sépare le golfe de Péluse de la mer Rouge. Une autre dépression, perpendiculaire à la ligne de l'isthme, vient du Delta, et c'est elle qui est marquée sur la carte par la ligne rouge qui figure la première branche du canal d'eau douce. Cette dépression, ou pli de terrain, forme cette vallée connue dans l'histoire de l'Egypte ancienne sous le nom de terre de Gessen. C'est dans cette vallée que les Israélites, conduits par Jacob et ses enfants, furent installés. Elle leur fut donnée par le Pharaon dont Joseph était le premier ministre ; c'était le sol le plus fertile de l'Egypte. Cette configuration générale de l'isthme de Suez indique quelle ligne il y avait à suivre pour établir une communication entre les deux mers. Cette communication a été la préoccupation de tous les grands hommes qui ont passé sur cette terre illustre d'Egypte, et qui y ont laissé leur empreinte. Qu'ils se soient appelés Sésostris, Alexandre, César, Amrou, Napoléon Ier, tous ont été frappés de l'immense avantage qu'il y aurait pour le commerce du monde et pour la facilité des communications en général à réunir entre eux les deux continents d'Europe et d'Asie au moyen d'un canal ouvert entre les deux mers.

D'après la tradition, cette communication aurait existé depuis les temps les plus reculés de l'antiquité. On attribue à Nécos et à son successeur, Psamméticus, l'ouverture d'un canal qui unissait la mer Rouge à la vallée du Nil. Ce canal existait certainement sous les anciens pharaons, et il a dû être vu par Abraham lorsqu'il vint en Egypte, environ quinze cents ans avant Jésus-Christ, et y rencontra une civilisation extrêmement avancée, s'il faut en juger par les monuments qui nous sont restés de cette époque reculée. Abraham a pu voir, dans un temple au pied des pyramides, la statue, récemment découverte par M. Mariette, de Chephrem, l'un des pharaons de la quatrième dynastie, constructeur de la seconde grande pyramide, et qui vivait environ quatre mille ans avant Jésus-Christ. Cette statue doit être envoyée à l'Exposition de Paris par S. A. le vice-roi d'Egypte. L'art remarquable avec lequel elle est exécutée vous donnera une idée de l'état de civilisation auquel l'Egypte était déjà parvenue à cette époque. On peut se figurer l'impression d'Abraham par celle que nous ressentirions nous-mêmes si on nous montrait aujourd'hui une statue de Clovis exécutée du temps de ce premier de nos rois et avec cette perfection. Par conséquent, les légendes de la Bible, d'après lesquelles il semble que l'origine de la civilisation remonte à peine au temps d'Abraham, sont bien loin de la vérité, et, bien des siècles avant ce patriarche, l'Egypte avait produit des œuvres merveilleuses.

Il n'est donc pas étonnant qu'à une époque de grandeur à laquelle, par les monuments qui nous restent, nous devons rendre hommage, il n'est pas étonnant, dis-je, qu'on ait songé à établir une communication entre les deux mers, que cherche à rouvrir aujourd'hui la Compagnie du canal projeté. Mais, il faut bien le reconnaître, les moyens d'exécution connus alors ne permettaient pas d'aborder des travaux comme ceux que la Compagnie exécute. Les anciens pouvaient faire des terrassements à sec, mais ils ne savaient pas travailler sous l'eau. Or la majeure partie du canal actuel doit être faite sous l'eau, puisqu'il faut que les navires trouvent une profondeur de 8 mètres au-dessous du niveau de la mer pour pouvoir naviguer. A l'époque des anciens les dimensions des navires leur permettaient de naviguer dans des canaux dont la profondeur pouvait ne pas excéder la profondeur ordinaire du Nil, c'est-à-dire 2^m,50 à 3 mètres. Il est donc probable que la communication des deux mers était établie par le canal des Pharaons s'embranchant sur l'une des branches tanitique ou pélusiaque du Nil, et qui ensuite traversait la terre de Gessen et redescendait jusqu'à Suez en contournant les lacs Amers.

Sous les Ptolémées, le canal fut amélioré et perfectionné.

Lorsque Cléopâtre, après la bataille d'Actium,

voulut soustraire sa flotte à Octave vainqueur, elle espéra la faire passer par le Nil et le canal, pour l'emmener en sûreté dans la mer Rouge; mais les eaux du Nil étaient basses à cette époque de l'année, et la flotte fut faite prisonnière.

Il est probable que cette circonstance appela l'attention des empereurs romains qui succédèrent à Octave. Sous Trajan et Adrien, un canal spécial fut creusé partant du point où est aujourd'hui le Caire. Il venait se souder à Zagazig avec l'ancien canal, d'où il était continué jusqu'à Suez.

Sous les empereurs romains de la décadence, le canal fut laissé à l'abandon. Il fut ouvert de nouveau par Amrou, lors de la conquête de l'Egypte par les Arabes, et il servait alors à transporter à la Mecque et à Médine les blés de l'Égypte.

Plus tard, lorsque l'Égypte fut tombée sous le gouvernement des califes Abbassides, l'un d'eux, le calife Al-Mansour, en guerre avec le calife d'Arabie, fit fermer le canal, et depuis lors il n'a plus été rouvert.

Néanmoins les traces en subsistent encore; on les retrouve auprès de Suez à 18 ou 20 kilomètres de cette ville, non loin des lacs Amers; elles sont parfaitement conservées, parce que le sol étant formé sur ce point d'argile et non de sable, le canal n'a pas été comblé par le temps. C'est dans cette même partie de l'ancien canal que coulent les eaux du canal d'eau douce récemment ouvert par la Compagnie de l'isthme de Suez.

A plusieurs reprises les possesseurs de l'Egypte,

successeurs des calates, les sultans de Constanti-
nople à l'époque ou l'empire turc avait toute sa vi-
gueur, ont pensé à rouvrir ce passage : Amurat II
et Mustapha III s'en sont occupés. Enfin, pendant
l'expédition d'Egypte, Napoléon visita l'isthme de
Suez, y envoya des ingénieurs, et leur donna l'ordre
de vérifier si les deux mers étaient au même niveau ou à des niveaux différents, comme l'avait dit
Aristote. Ces ingénieurs, après un travail rapide et
fort difficile à cette époque, trouvèrent une différence de niveau d'environ 10 mètres entre une mer
et l'autre ; mais le résultat ne fut annoncé par eux
qu'avec une certaine timidité, et leur chef, M. Le-
père, expliqua que les opérations faites avec beaucoup de difficultés, au milieu des tribus hostiles et
avec des instruments imparfaits, ne pouvaient présenter toute garantie d'exactitude.

Ce résultat ne fut pas accepté par tous les esprits, et parmi eux Laplace et Fourier, par les
seules considérations de la théorie, contestaient la
possibilité d'une différence de niveau entre les deux
mers. A la suite des événements qui obligèrent Napoléon à quitter l'Egypte, la question resta suspen-
due et demeura longtemps oubliée.

Elle a été reprise de nos jours, et elle a occupé
plusieurs des esprits les plus vigoureux de notre
temps, et parmi eux plusieurs de ces hommes dis-
tingués qui formaient ce qu'on appelait l'Ecole Saint-
Simonienne, et dont les chefs ont conquis dans le
monde scientifique, industriel et financier, de si
hautes positions. L'un des plus éminents parmi eux,

le père Enfantin, avait été frappé de la grandeur de l'idée et s'était vivement préoccupé des moyens de la réaliser. Il ne put pas le faire, mais sous son impulsion plusieurs de ses amis se réunirent en 1847 pour s'en occuper. Une commission fut formée pour reprendre et rectifier au besoin les études déjà faites. Les ingénieurs les plus éminents en firent partie, parmi lesquels il me suffira de nommer l'ingénieur anglais Stephenson, l'ingénieur autrichien Négrelli, et notre illustre compatriote M. Paulin Talabot, dont je m'honore d'avoir été l'élève, et à qui je dois mes premiers pas dans la carrière d'ingénieur. M. Talabot fut spécialement chargé de vérifier le niveau respectif des deux mers, et sous sa direction M. Bourdaloue démontra par des opérations irrécusables que les deux mers étaient au même niveau. De nouvelles vérifications ordonnées par le vice-roi d'Egypte et confiées à Linant-Bey, confirmèrent le résultat des études de M. Bourdaloue. Néanmoins, on ne se prononça pas à cette époque pour l'exécution d'un tracé direct, parce qu'on était effrayé des difficultés de l'établissement des deux ports aux extrémités du canal. Ce fut plus tard que la question fut reprise par M. Ferdinand de Lesseps et par S. A. le vice-roi Saïd-Pacha.

Sur l'invitation de ce prince, une commission composée d'ingénieurs éminents de tous les pays d'Europe se réunit, se livra à de longues investigations en Egypte, et enfin se prononça pour le principe du tracé direct. C'est ce tracé qui a triomphé et que la Compagnie actuelle cherche à faire passer dans le domaine des faits accomplis.

Ce tracé direct ne suit pas tout à fait la ligne la plus courte de l'isthme, parce que dans le golfe de Péluze les fonds de 8 à 10 mètres de profondeur qu'exige le tirant d'eau des grands navires ne se rencontrent qu'à 5 à 6 kilomètres du rivage. On ne pouvait songer à établir un port dans ces conditions qu'en construisant deux jetées sur toute la longueur nécessaire pour atteindre ces fonds. En se reportant un peu plus vers l'ouest on a trouvé une ligne de côtes le long de laquelle la profondeur voulue se rencontre à 2,500 ou 3,000 mètres du rivage. C'est ce qui a déterminé la position actuelle du Port-Saïd. Dans cette région le bord de la mer est formé par une bande de sable ou lido de 150 à 200 mètres de largeur. Au sud de cette bande se trouve un vaste lac ou marais connu sous le nom de lac Menzaleh, d'environ 200 kilomètres de tour et que le canal traverse dans une longueur de 44 kilomètres. A la suite du lac Menzaleh vient un autre lac appelé lac Ballah ; puis à l'extrémité de ce lac on rencontre la partie la plus élevée de l'Isthme, le seuil d'El-Guisr, qui a une longueur de 15 kilomètres et une hauteur maxima de 15 à 20 mètres au-dessus du niveau de la mer.

Après ce seuil vient une dépression, le lac Timsah qui, déjà au temps de Sésostris, recevait le trop plein des crues du Nil, et était ainsi alimenté d'eau douce dans laquelle vivaient de nombreux crocodiles ; *Timsah* veut dire crocodile.

Entre le lac Timsah et les lacs Amers, une hauteur forme le seuil du Serapeum. A la suite, une grande dépression est formée par les lacs Amers qui étaient

très-probablement l'extrémité de la mer Rouge, avant
que l'espace compris entre ces lacs et Suez eût été
soulevé par des phénomènes géologiques ultérieurs.
Les lacs Amers se divisent en deux parties, le grand
et le petit lac. Le grand a 25 kilomètres de long sur
8 à 10 de large. Le petit a 15 kilomètres de long sur
3 à 4 de large. A la suite de ces lacs vient un renflement de terrain assez prononcé ; c'est la localité
que nous connaissons sous le nom de Chalouf : sa
hauteur est de 7 à 8 mètres au-dessus du niveau de
la mer, sa longueur de 8 à 9 kilomètres. Vient ensuite
une plaine qui s'étend jusqu'à Suez. Cette plaine est
à peu près à la hauteur des hautes marées ; par les
grandes mers d'équinoxe la mer la couvre tout entière, et quand elle se retire elle laisse des efflores-
cences salines qui donnent à la plaine une couleur
blanche.

Du temps où le lac Menzaleh faisait partie de la
Méditerranée et les lacs Amers de la mer Rouge, la
longueur de l'isthme de Suez se trouvait réduite à
90 kilomètres ; aujourd'hui elle en a 130 par la distance la plus courte, et environ 160 par la ligne
sinueuse que le canal a adoptée. Si l'on imagine une
coupure faite perpendiculairement par le milieu du
canal dans le sens de sa longueur, on aura ce qu'on
appelle en terme de métier un profil en long, et si
l'on sépare ces coupures dans le sens longitudinal
pour reporter l'une d'elles sur un plan vertical, on
obtiendra la figure qui est tracée sur le tableau que
vous avez sous les yeux et qui donne la représentation
du terrain à enlever par le creusement du canal.
Pour pouvoir figurer la longueur entière du canal

dans un espace restreint, on a, selon l'usage, augmenté considérablement l'échelle de la hauteur et réduit celle de la longueur. Il faut supposer que la plus grande hauteur est d'environ 20 mètres, tandis que la longueur totale est de 160 kilomètres. Veuillez par la pensée donner à ces deux dimensions leurs proportions exactes et vous aurez une idée de ce que représente le profil du canal : la ligne bleue indique le niveau de l'eau dans le canal lorsqu'il sera exécuté ; la ligne brune au-dessous représente le fond de la cuvette du canal.

Vous voyez d'après cette figure que la ligne du canal comprend, du côté de la Méditerranée, une partie de 60 kilomètres environ, dont le niveau est très-peu inférieur au niveau de la mer ; à l'extrémité vers Suez une partie horizontale d'environ 15 kilomètres, dont le niveau est supérieur d'environ un mètre au niveau de la mer ; puis les seuils d'El-Guisr, du Serapeum et de Chalouf ; puis enfin une grande dépression formée par les lacs Amers, et une plus petite formée par le lac Timsah.

Cette disposition des lieux a nécessité des procédés d'exécution différents ; je vais suivre cette exécution pas à pas, en partant de Port-Saïd.

Avant tout, il fallait penser à créer à Port-Saïd un port ; c'est là que les navires devront aborder en venant de la Méditerranée, et de là qu'ils devront appareiller pour suivre leur route en venant de la mer Rouge.

Pour créer ce port sur une plage étendue en pente douce, il fallait creuser le bord de la mer depuis le rivage jusqu'à la profondeur de 8 mètres. Ce bord est formé par des sables fins auxquels, par les fonds de 6 à 7 mètres, succèdent des vases dans lesquelles les ancres des navires tiennent très-bien. Les sables sont constamment mis en mouvement par les courants, et cette circonstance donnait lieu aux graves objections soulevées par des ingénieurs très-distingués contre la possibilité d'exécuter un port dans ces conditions. On y parvient en protégeant le chenal à l'aide de deux jetées, dont l'une, à l'ouest du côté des vents régnants, aura 3,500 mètres de longueur, et l'autre qui abritera le port contre les vents d'est aura seulement 2,500 mètres de longueur. Ces deux jetées seront convergentes. L'une est perpendiculaire au rivage, l'autre est oblique. Elles vont en se rapprochant l'une de l'autre, de manière à laisser à leur extrémité un intervalle qui sera probablement de 400 mètres, tandis que la distance de leurs enracinements dans le rivage est de 1,400 mètres.

Ces deux jetées abriteront ainsi un avant-port dans lequel pourra mouiller un nombre de navires considérable. Ce système a été proposé par M. Pascal, ingénieur en chef des ports de Marseille, et adopté par une commission composée de marins et d'ingénieurs éminents, conseils de la Compagnie.

Ces deux jetées, qui seront l'un des travaux importants du canal, sont exécutées par des entrepreneurs qui ont déjà fait leurs preuves dans les travaux de ce genre, MM. Dussaud frères. Pour faire deux jetées dans un endroit où il n'y a ni pierres ni galets, on ne pouvait employer ni des blocs naturels, ni des blocs artificiels en béton. On a dû s'ingénier pour trouver d'autres moyens. On avait eu d'adord la pensée d'aller chercher des pierres sur les côtes de Candie, de Rhodes et de l'Archipel grec, mais les dépenses ont fait reculer, et en somme une solution simple et que l'expérience a démontrée excellente a été appliquée. A l'aide du sable de la plage et de la chaux du Theil, qui est apportée de France en Égypte dans des sacs, on fabrique du mortier hydraulique. Ce mortier est mis dans des caisses-moules, où il forme des cubes de 10 mètres environ, pesant 20,000 kilogrammes. Un vaste chantier de fabrication de mortier a été établi par MM. Dussaud sur la plage de Port-Saïd.

Le sable dragué à l'entrée du port et la chaux sont montés par des wagons sur un plan incliné ; là se trouvent des manéges mus par la vapeur qui mélangent la chaux et le sable, et lorsque le mélange est fait, le mortier descend dans des wagons qui le conduisent dans les moules. Les blocs sèchent pendant deux ou trois mois, au bout desquels ils ont pris la consistance de la pierre la plus dure. Pour les emmener, une grue puissante les soulève et les dépose au bord de la mer sur des bateaux adaptés à ce travail. Ces bateaux portent des charpentes inclinées sur lesquelles les blocs sont déposés et maintenus dans leur inclinaison par une chaîne. Les bateaux ainsi chargés sont emmenés au large par des remorqueurs à vapeur, et au moment où les chalands qui portent les blocs passent à l'endroit où l'on veut immerger le chargement, l'arrêt qui retient la chaîne est détendu, les blocs glissent et

coulent dans l'eau à la place qui leur est assignée.
Ces travaux sont en pleine exécution. La jetée de
l'ouest a déjà 2,000 mètres de longueur ; la jetée de
l'est, commencée plus tard, n'a encore que 800 à
1,000 mètres au niveau de l'eau ; on immerge de
600 à 650 blocs par mois. D'après l'activité impri-
mée au travail, il est à présumer que les jetées seront terminées vers la fin de l'année 1868, ou au
commencement de 1869.

Entre ces jetées s'opère le dragage, c'est-à-dire
l'enlèvement des sables à l'aide de machines à dra-
guer. Ces machines sont assez connues; il y en a
sur la Seine, il y en a dans tous les ports français.
Elles consistent dans un bateau portant une charpente armée d'une chaîne garnie de godets ; les
sables sont dragués et élevés à une certaine hauteur, d'où ils retombent dans des récipients destinés
à les recevoir. Ces récipients, pour les travaux de
Port-Saïd, sont des bateaux à vapeur dont voici le
modèle. Un certain nombre ont été construits en
Angleterre, d'autres à Marseille et à Bordeaux,
quelques-uns à Saint-Denis d'où ils ont été emmenés par le Havre et la mer jusqu'à Port-Saïd.
Ces navires présentent dans leur milieu une vaste
chambre ou cavité dont le fond est fermé par des
portes maintenues par des chaînes que voilà. Les
dragues versent leurs produits dans ces bateaux qui
peuvent porter environ 200 mètres cubes, soit 300
tonneaux. Lorsqu'il est plein, le navire s'en va au
large et il est immédiatement remplacé par un
autre, en sorte que les dragues ne s'arrêtent qu'un
temps très-court. Pendant que le navire s'en va au

large, un mécanisme extrêmement simple permet de lâcher les chaînes, les portes s'ouvrent et les déblais tombent au fond de la mer sans que le navire s'arrête. L'opération terminée, il retourne près de la drague et recommence ce qu'il a déjà fait.

Ce procédé n'a rien de nouveau; il a été employé avec un grand succès dans la rade de Toulon, dans un grand nombre d'autres ports, et c'est à lui en particulier qu'on doit le creusement et on peut dire la création du port de Glasgow. La Compagnie et nous avons fait construire plusieurs de ces bateaux; nous en avons en tout 36. Le port de Port-Saïd sera creusé par 6 grandes dragues desservies par 12 bateaux de ce genre, plus un ou deux de rechange.

Nos dragues ne diffèrent des dragues ordinaires que par la grandeur de leurs dimensions et leur puissance de production. Elles ont été construites les unes à Paris par MM. E. Gouin et Cie, les autres à Marseille par la Société des forges et chantiers de la Méditerranée. Ces appareils fonctionnent depuis sept à huit mois, et ont enlevé à ce jour environ 1,400,000 mètres cubes. Les travaux se poursuivent sans présenter de difficulté.

Je passe à la partie du lac Menzaleh. Là, le sol est formé par des sables plus ou moins vaseux sur 8 à 10 kilomètres de long, puis par des argiles plus ou moins compactes, et des vases qui occupent l'emplacement de l'ancienne branche pélusiaque du Nil.

C'est la présence de ces vases qui a donné lieu à des présages fâcheux. On a prétendu que sur cet emplacement et dans ces sortes de vases, le canal, à l'inverse du tonneau des Danaïdes, s'emplirait au fur et à mesure qu'on le viderait. Ces craintes paraissaient au premier abord ne pas manquer de fondement; mais, en fait, l'expérience les a démenties; les dragages déjà faits dans cette partie montrent que les fouilles et leurs talus se maintiennent bien, et nous espérons que les travaux qui nous restent à faire auront le même succès que ceux qui ont été déjà exécutés.

On a fait des objections contre l'inclinaison des talus; on a prétendu que ces talus devaient s'ébouler dans un temps plus ou moins prochain et remplir le canal; que le maintien de la section du canal était par conséquent impossible. Cette objection avait quelque chose de fondé; la nature légère des déblais faisait craindre que les talus ne s'éboulassent au passage des grands navires, et surtout des vapeurs. La Compagnie a prévenu toute objection en décidant d'élargir le canal à la ligne d'eau en portant sa largeur à 100 mètres, et quant à la configuration de ses bords, on a adopté de faibles inclinaisons transversales, imitant ainsi la nature qui, sur le rivage des mers, a formé des plages douces sur lesquelles le flot s'épanouit sans les entamer.

Le profil en travers du canal présente ainsi dans sa partie supérieure des talus très-doux, tandis que, dans sa partie inférieure, où les talus prennent l'inclinaison naturelle que leur donne le travail des dragues, ces talus paraissent se maintenir à l'inclinaison de trois de base pour un de hauteur, alors que l'espace est réservé pour une inclinaison qui atteindrait cinq de base pour un de hauteur.

Pour mesure d'économie, la largeur de la ligne d'eau dans les tranchées profondes ou seuils est maintenue à 65 mètres.

Pour exécuter le canal dans les parties en plaine, où il a sa largeur de 100 mètres, voici les appareils que nous employons : ces appareils ont été particulièrement imaginés par M. Lavalley, qui a d'ailleurs combiné aussi tous les autres, et qui, aux qualités nécessaires à l'ingénieur et à l'entrepreneur de grands travaux, joint une rare aptitude et des talents exceptionnels comme mécanicien. Ce matériel, dont la création a nécessité de longs préparatifs, nous permettra, selon nos espérances, de terminer le canal dans un délai d'environ trente-trois mois.

On avait pensé d'abord à employer des bateaux contenant des caisses, dans lesquelles les déblais creusés par les dragues seraient versés, puis ces bateaux auraient été conduits sous des grues installées sur les rives, et destinées à soulever les caisses et à déposer leur contenu sur les bords du canal. Mais des grues de ce genre ne peuvent loger du premier coup sur ces bords qu'une faible partie de la quantité à extraire par mètre courant du canal; il fallait donc ensuite remanier tout le reste des déblais en les emmenant à distance avec des wagons comme on fait au Trocadéro. Ce système, difficile à appliquer à des terrains détrempés, exige d'ailleurs beaucoup de bras, et dans nos conditions de travail, c'était à la fois une difficulté et une dépense. Le problème a été résolu plus simplement avec l'appareil que vous avez sous les yeux : il consiste en un grand couloir adapté à la drague et dont la longueur est de 70 mètres. Ce couloir, soutenu par une charpente en fer très-solide, est porté, d'une part, sur la drague; d'autre part, sur un chaland flottant sur l'eau. Ce chaland et l'appareil qu'il supporte sont disposés de manière à suivre tous les mouvements de la drague.

La pente de ces couloirs a été déterminée par l'expérience et combinée avec leur longueur, de manière que les déblais versés par les dragues coulent facilement par le seul effet de cette pente, à la condition que leur écoulement dans le couloir soit facilité par le jet d'une certaine quantité d'eau fournie par des pompes que la drague elle-même met en mouvement. Pour cela aussi, il fallait élever les déblais à une hauteur assez considérable. Dans ce but, la charpente de la drague a été élevée jusqu'à environ 15 mètres au-dessus de l'eau; c'est presque la hauteur d'une maison. Quant à la longueur du couloir, elle représente une fois et demie la hauteur de la colonne Vendôme. A l'aide du jet de l'eau dans le couloir, les déblais sont délavés et mis en suspension dans l'eau s'ils sont en sable, poussés et entraînés par glissement s'ils sont en argile, et l'on est parvenu ainsi à loger sur le bord, du premier coup, un cube considérable, égal à la moitié au moins du cube de déblai du canal par mètre courant, grâce au talus très-doux que prennent les déblais à l'extérieur. Par ce procédé les déblais sont versés tout seuls sur les côtés et sont éloignés du bord à une distance suffisante pour qu'on n'ait pas à craindre de les voir retomber dans le canal.

Ce procédé sera appliqué dans toute l'étendue des lacs Menzaleh et Ballah ; il le sera aussi dans la plaine de Suez. Pour cette partie des travaux il faut conduire jusqu'à Suez ces grands appareils, dragues à long couloir, bateaux, etc.; on ne pouvait songer à envoyer ce matériel en morceaux à Suez pour le remonter sur place. Ces travaux de montage, qui exigent des installations préalables longues et coûteuses, ne peuvent se faire qu'à Port-Saïd, où se trouvent nos grands ateliers et toutes les ressources qui permettent les communications faciles de ce point avec l'Europe.

Le matériel est donc monté à Port-Saïd et de là transporté sur les divers points du canal jusqu'à Suez. On a pensé à se servir, pour ce transport, d'une première rigole creusée depuis Port-Saïd jusqu'au lac Timsah et alimentée par l'eau de la mer Méditerranée, et puis du canal d'eau douce depuis Timsah jusqu'à Suez. La rigole maritime et le canal d'eau douce avaient été exécutés à l'aide des contingents de fellahs égyptiens avant l'époque où ils ont été enlevés à la Compagnie. La rigole maritime n'avait alors qu'une faible profondeur, suffisante du reste pour les transports destinés à l'alimentation des chantiers; pour la rendre capable de transporter notre grand matériel, il a fallu l'agrandir et établir une communication facile entre cette rigole et le canal d'eau douce. Dans ce dernier but on a construit à Ismaïlia deux grandes écluses, et on a créé ainsi une large et belle voie de transport de Port-Saïd à Suez, par laquelle doit être acheminé tout le matériel destiné à l'exécution du canal, le canal d'eau douce ayant pu, à l'aide de quelques travaux supplémentaires et de trois grandes écluses, outre celle de Suez, être amené à une largeur et une profondeur qui permettront de faire passer le matériel.

Le système des transports consiste donc à monter les appareils à Port-Saïd, à les envoyer par la rigole maritime jusqu'à Ismaïlia, à les faire passer tout montés dans les écluses et à les diriger ainsi par le canal d'eau douce sur les divers points des chantiers. Ce travail était certainement très-difficile, et on pouvait douter de la réussite; aujourd'hui tous les doutes sont écartés, les difficultés ont été surmontées, et, à l'heure qu'il est, 14 dragues comme celle-ci ont déjà passé par la rigole maritime, les écluses et le canal d'eau douce; 5 sont arrivées au Serapeum; 5 flottent dans la mer Rouge; 4 sont installées dans la plaine de Suez. Elles sont descendues dans la mer Rouge à Suez par l'écluse qui met en communication le canal d'eau douce avec la mer. Nous avons amené par le même moyen à Suez jusque dans la mer Rouge des bateaux-porteurs à vapeur comme ceux-ci; seulement, comme la longueur de ces navires ne leur permettait pas de passer par les écluses, nous les avons fait construire de manière à pouvoir les couper en deux. Ils ont été envoyés, ayant toute leur longueur, de France en Egypte; arrivés à Port-Saïd, ils ont été démontés en deux parties, et dans cet état ils ont pu passer par les écluses du canal d'eau douce et arriver à Suez jusqu'à la mer Rouge. Une fois à Suez, les deux parties ont été rapprochées, et au moyen d'une bande en caoutchouc interposée entre les cornières qui bordent les deux sections et de boulons serrant ces cornières, on a pu les joindre facilement sans les sortir de l'eau. Ces bateaux-porteurs fonctionneront dans la mer Rouge, où ils seront employés au creusement du port de Suez, qui se fera par les mêmes procédés qui servent à creuser le port de Port-Saïd.

Voilà pour l'exécution des ports de Port-Saïd et de Suez et des parties basses du canal où le terrain est à peu près au niveau de la mer ; maintenant parlons des tranchées et d'abord du seuil d'El-Guisr. Là les travaux avaient été commencés par les contingents fellahs. — Après leur départ, M. Couvreux, entrepreneur, a été chargé de porter la tranchée à toute largeur jusqu'au niveau de la mer et d'approfondir la rigole. Il exécute ces terrassements, qui représentent environ 4,000,000 de mètres cubes à l'aide des procédés ordinaires, le creusement à bras d'hommes chargeant les déblais dans des wagons, qui sont montés sur le flanc de la tranchée, et les déposent plus loin au moyen de locomotives. Il emploie aussi sur d'autres points des excavateurs à sec tels que ceux-ci qui fonctionnent sur les bords de la tranchée. L'échelle à godets qui descend en contre-bas de la voie qui porte l'excavateur s'applique contre le talus de la fouille, et, en imprimant le mouvement à la chaîne, les godets creusent et déversent leur produit dans les wagons. C'est avec ce même appareil que

M. Couvreux a approfondi la rigole, et qu'elle est arrivée à avoir aujourd'hui près de 25 mètres de largeur sur 2 mètres 50 de profondeur. Ce travail de la rigole est terminé à l'heure qu'il est. Quant aux déblais de la partie supérieure, la moitié environ est exécutée à la date de ce jour, et M. Couvreux aura très-probablement terminé sa tâche à la fin de 1868. Nous sommes chargés de creuser, au fur et à mesure du travail de M. Couvreux, la partie en contre-bas du niveau de la mer. Pour cela nous emploierons des dragues desservies par des bateaux à vapeur du même genre que ceux employés à Port-Saïd, et par d'autres analogues pouvant fonctionner dans des eaux peu profondes, et tous les déblais seront versés dans le lac Timsah, à distance de la ligne de navigation du canal. ·

Le lac Timsah étant à sec, il fallait pour pouvoir y conduire les déblais que le lac fût rempli et que l'eau s'y élevât à la même hauteur que dans la rigole maritime. Ce remplissage n'exigeait pas moins de 80,000,000 de mètres cubes d'eau. Cette opération, qu'il fallait faire en peu de temps, était encore un travail difficile et, je crois, sans précédent. — Grâce aux dispositions prises par la Compagnie, cette opération se fait, et se fait avec activité au moyen d'un ouvrage d'art disposé de manière à régler le versement des eaux, tout en maintenant la navigation dans la rigole. Depuis le 12 décembre, on verse les eaux de la Méditerranée dans le lac Timsah, et en moins d'un mois elles ont atteint la hauteur d'un mètre et demi. On espère que dans deux mois

de plus le lac sera complétement rempli. On aura
ainsi une mer intérieure dont l'aspect changera
tout à fait la physionomie du pays.

La profondeur de cette mer ne sera pas suffisante
partout pour le fonctionnement des bateaux-porteurs
de déblais tels que ceux de Port-Saïd. Nous emploierons alors d'autres bateaux fonctionnant d'après
le même principe. Ces bateaux, mis en mouvement
par une petite machine à vapeur, sont plats et construits sur deux modèles ; dans tous les deux, les
déblais des dragues sont versés dans des chambres
ou cavités contenant ensemble de 90 à 120 mètres
cubes. — Ces cavités sont fermées par des portes
qui, dans le premier modèle, s'ouvrent par le fond,
et dans le second modèle, destiné à servir dans des
eaux moins profondes, s'ouvrent par les côtés. Ces
bateaux peuvent alors transporter les déblais sur des
points où il n'y a qu'une faible profondeur d'eau.

Après la tranchée d'El-Guisr et le lac Timsah, vient
la tranchée du Serapeum. Dans cette partie, il y a à
enlever au-dessus du niveau de la mer environ
3,000,000 de mètres cubes qu'il aurait fallu déblayer à
sec par les moyens ordinaires. Mais le seuil du Serapeum
est dans une situation très-difficile. Il est complétement au milieu du désert, loin des ressources nécessaires à une grande masse d'ouvriers. Au seuil
d'El-Guisr, on avait pu, à l'aide des contingents de
fellahs creuser une première rigole, qui facilitait les
transports et les approvisionnements. On n'avait pas
pu le faire encore au Serapeum. D'ailleurs, après le
départ des fellahs, le nombre des ouvriers libres

qu'on pouvait espérer réunir était trop limité pour suffire à l'exécution des travaux par le procédé des déblais à sec. Voici alors à quoi nous avons été conduits. En examinant la configuration du terrain du Serapeum, nous avons reconnu que la configuration du sol offrait des ondulations assez prononcées dont on pouvait, à l'aide de quelques travaux, faire des bassins fermés communiquant avec la ligne du canal. De plus, la surface du Serapeum est à peu près au niveau des eaux du canal d'eau douce; par conséquent, il a paru possible d'introduire les eaux du canal d'eau douce dans les dépressions dont nous venons de parler et de créer ainsi de véritables lacs artificiels. Ces lacs étaient assez profonds pour pouvoir y employer le système ordinaire des dragues, desservies par des bateaux-porteurs plats. On pouvait donc faire fonctionner au Serapeum le système des dragages, et, au lieu d'un grand nombre d'ouvriers, n'avoir plus besoin d'en employer qu'un nombre restreint travaillant dans les meilleures conditions.

On pouvait craindre que l'eau ne tînt pas suffisamment dans ces terrains perméables formés de sable léger, qu'elle fût absorbée et que l'évaporation fût trop considérable pour que le débit du canal d'eau douce permît d'alimenter les lacs. Cette objection nous tenait à cœur et ce n'est pas sans défiance que nous avons abordé ce problème. Toutefois, un examen sérieux nous a convaincu que la chose était possible. Ce sol de sable contient des particules calcaires très-fines. De son côté, l'eau du Nil est toujours chargée de limon, et après une première absorption, le mélange de poussière calcaire et de limon du Nil retient les eaux en rendant le sable imperméable. C'est ce que l'expérience prouve tous les jours, et, grâce à ces deux circonstances, nos lacs tiennent parfaitement l'eau. Il y a quelque temps, nous aurions dit : Voilà ce que nous allons faire, cela réussira ; j'ai la satisfaction de vous dire aujourd'hui : Voilà ce que nous avons fait, cela a réussi. (Bravo ! bravo !)

Il y a trois lacs à la surface du Serapeum. Deux sont remplis à l'heure qu'il est, on commence le remplissage du troisième ; l'ensemble de ces trois lacs contientra 4 millions de mètres cubes d'eau, et nous pourrons y loger plus de 2 millions de mètres cubes de déblais provenant de la partie supérieure du Serapeum. Comme je l'ai dit, cinq dragues sont déjà arrivées pour faire ces déblais, et flottent actuellement dans les rigoles aboutissant aux lacs. Elles seront desservies par trente bateaux-porteurs comme celui-ci, dont vingt-cinq fonctionnent déjà d'une manière satisfaisante. Les dragues sont établies de façon à pouvoir creuser jusqu'à la profondeur de 8 mètres en contre-bas du niveau de l'eau dans laquelle elles flottent. Les eaux du canal d'eau douce étant à 6 mètres au-dessus des eaux de la mer, vous concevez que lorsque les dragues auront creusé à 8 mètres, elles auront abaissé le fond de la tranchée à 2 mètres au-dessous du niveau de la mer, c'est-à-dire à une profondeur suffisante pour qu'elles continuent de flotter, alors que le niveau de l'eau douce se sera abaissé jusqu'au niveau de la mer et confondu avec lui. Les lacs d'eau douce resteront fermés jusqu'à ce que les dragues aient creusé la tranchée à 8 mètres de profondeur. Cela fait, nous laisserons les lacs se vider, d'un côté dans la Méditerranée, de l'autre dans la mer Rouge. Les eaux s'abaisseront jusqu'à ce que les dragues flottent au niveau des eaux de la mer. Les dragues travaillant alors dans l'eau de mer creuseront à la profondeur de 8 mètres au-dessous de ce niveau et termineront ainsi le travail, desservies par les mêmes bateaux porteurs de déblais qui iront se vider alors, non plus dans les lacs artificiels, mais dans le lac Timsah. (Bravo! bravo!)

Nous n'attendrons pas que les lacs Amers soient remplis pour exécuter les 3 ou 4 derniers kilomètres du Serapeum du côté du sud, où le terrain naturel est en contre-bas du niveau de la mer. Dans cette partie nous formerons, avec des déblais à sec, deux digues, une de chaque côté ; à l'extrémité sud nous fermerons le canal entre ces digues par une digue transversale, et nous aurons ainsi un bassin dans lequel entreront les eaux de la Méditerranée, et que nous creuserons ensuite jusqu'à fond à l'aide de dragues à long couloir versant leurs déblais derrière les digues latérales.

Passons à la tranchée de Chalouf. Chalouf présente une hauteur d'environ 7 à 8 mètres au-dessus du niveau de la mer sur 8 à 9 kilomètres de longueur. Sur cette hauteur, comme au Serapeum, il existe des dépressions dans lesquelles on aurait pu établir aussi des lacs artificiels. Malheureusement ces dépressions ont une capacité telle, que nous avons craint que le canal d'eau douce ne pût pas suffire à les alimenter. Nous avons alors, sur ce point, organisé un autre système d'exécution des déblais de la partie supérieure. Le travail se fait à sec par des ouvriers que nous avons pu réunir en nombre suffisant. Ces ouvriers extraient les déblais à la pelle et à la pioche, et les chargent dans des wagons; ceux-ci sont élevés sur les côtés de la tranchée à l'aide de plans inclinés automoteurs, desservis par des machines locomobiles. Ces plans inclinés s'allongent et descendent au fur et à mesure que la fouille s'approfondit. Arrivés au fond, les voies de fer qui continuent celles des plans inclinés s'épanouissent en suivant la marche des déblais, et couvrent tout le fond de la tranchée d'une succession de triangles qui finissent par occuper toute sa surface. Nous nous proposons de creuser par ce moyen jusqu'à 2 mètres au-dessous du niveau de la mer. La tranchée est déjà faite sur plusieurs points à des profondeurs considérables. Cette tranchée de Chalouf est la seule où l'on ait trouvé du rocher. Des ouvriers mineurs italiens ont été amenés sur ce point, et le rocher a été enlevé rapidement à l'aide de la méthode ordinaire, en épuisant les eaux de filtration par de fortes pompes à vapeur, et faisant jouer la mine.

En même temps que s'exécuteront les travaux de déblais de la tranchée de Chalouf jusqu'à 2 mètres en contre-bas du niveau de la mer, nous ouvrirons toute la plaine de Suez, entre Chalouf et Suez, par des rigoles creusées aussi jusqu'à la même profondeur de 2 mètres au-dessous du niveau de la mer. Ce travail s'exécute d'abord à sec jusqu'au niveau des eaux de filtration dont cette plaine est pénétrée, puis au-dessous de ce niveau à l'aide de dragues armées de couloirs de 25 mètres de longueur et flottant dans ces eaux. Voici comment nous amenons ces dragues sur place. Elles viennent, comme je l'ai expliqué, par le canal d'eau douce jusque vis-à-vis le milieu de la longueur de la plaine. Pour les faire descendre du niveau du canal d'eau douce au niveau plus bas de 3 mètres environ des eaux d'infiltration de la plaine dans laquelle elles doivent flotter, nous avons créé des espèces d'écluses qui consistent en un premier bassin établi sur le côté du canal d'eau douce, et circonscrit par des digues au niveau des digues de ce canal, suivi d'un autre bassin pratiqué au niveau de la plaine. Les dragues introduites dans le premier bassin par le canal d'eau douce creusent ce bassin jusqu'à 2 mètres de profondeur au-dessous du niveau des eaux de la plaine. Cela fait, on ferme la communication du premier bassin avec le canal d'eau douce, on ouvre la communication entre les deux bassins, l'eau douce du premier bassin s'écoule dans la plaine, et la drague descend jusqu'à ce qu'elle flotte au niveau des eaux de la plaine ; elle entre alors dans le second bassin qu'elle creuse à la profondeur de 2 mètres sous l'eau, et il ne lui reste plus qu'à marcher en avant, en faisant son chemin elle-même, jusqu'à ce qu'elle soit arrivée sur la ligne du canal maritime. On introduit ainsi jusqu'au canal maritime quatre dragues. Arrivées là, deux dragues se retournent du côté du nord et deux autres du côté du sud.

Deux autres dragues sont introduites, par un procédé analogue, au pied de Chalouf. Enfin deux autres viennent de Suez se dirigeant vers le nord. Nous avons ainsi des séries de dragues marchant les unes au-devant des autres et creusant à droite et à gauche de l'axe du canal un chenal de 2 mètres en contre-bas du niveau de la mer. L'ensemble de ces deux chenaux formera, en définitive, avec le premier creusement à sec de la tranchée de Chalouf, depuis Suez jusqu'à l'extrémité nord de la tranchée, une large rigole par laquelle seront introduites les eaux de la mer Rouge. Cette introduction a pour but de remplir les petits lacs Amers.

Vous voyez sur le profil en long qu'à la séparation des petits lacs et des grands lacs Amers, il y a un renflement du sol très-marqué et en même temps un étranglement. Cet étranglement est assez étroit pour qu'une digue de 30 à 40,000 mètres cubes suffise à le fermer.

C'est de là que nous est venue l'idée d'éventrer la plaine de Suez et la tranchée de Chalouf pour faire verser l'eau de la mer Rouge dans les petits lacs Amers. Au moyen d'une opération de remplissage pareille à celle qui se fait du côté de la Méditerranée pour le lac Timsah et qui réussit, comme je l'ai dit, parfaitement bien, ce remplissage devra être fait en trois mois, et les dimensions de la première rigole ouverte depuis Suez devront y suffire. Le remplissage opéré, les petits lacs Amers formeront un vaste récipient dans lequel les dragues pourront fonctionner comme nous l'avons déjà expliqué pour le lac Timsah. On creusera ainsi le canal dans la traversée de ces lacs, et on terminera le creusement définitif de la tranchée de Chalouf à l'aide de dragues et de bateaux-porteurs allant se vider dans les lacs. Pendant ce temps, les dragues à long couloir seront introduites dans toute l'étendue de la plaine de Suez, et termineront le canal en versant les déblais à droite et à gauche à des distances telles, qu'il sera facile plus tard d'élargir le canal s'il en est besoin.

Tous ces travaux faits, il ne restera plus à exécuter que le déblai du fond des grands lacs Amers, dont le cube est insignifiant. Nous emploierons encore là le même procédé de dragage avec transport par bateaux-porteurs; pour cela il faudra remplir les lacs Amers. Ces lacs, qui ont une surface d'environ 300 millions de mètres carrés, exigeront pour se remplir, environ un milliard de mètres cubes d'eau.

Ce remplissage se fera à la fois par les eaux de la Méditerranée et par celles de la mer Rouge arrivant par les parties ou rigoles du canal déjà ouvertes au nord comme au sud des grands lacs ; les sections de ces rigoles seront alors largement éventrées et devront suffire au remplissage des lacs pendant que se fera l'achèvement des autres parties du canal.

Telle est, Messieurs, cette entreprise gigantesque, réputée impossible, dont l'exécution, vous le voyez, demandait de grands efforts, des préparatifs énormes, des moyens tout particuliers, mais qui ne présente plus aujourd'hui aucune difficulté insurmontable, grâce aux moyens combinés pour les vaincre; il ne faut plus que du temps et de l'argent.

J'ai oublié de parler d'un appareil que voici et qui est destiné à remplacer les grandes dragues à couloirs dans les parties où le sol est trop haut pour qu'on puisse, à l'aide des couloirs, loger du premier coup sur les côtés du canal la totalité du cube à extraire par mètre courant.

Cet appareil est formé par un plan incliné en charpente de fer, porté sur la rive par un chariot, et sur l'eau par un chaland, et dont le bec ou extrémité est à une hauteur au-dessus du sol et à une distance de l'axe du canal telles, qu'en versant les déblais par cette extrémité, le cube du prisme de terrassements formé par l'inclinaison naturelle des talus des déblais mis en remblai soit égal ou supérieur à la moitié du cube des déblais du canal par mètre courant. Un chariot mû par une machine à vapeur que porte le chaland s'élève le long de ce plan incliné, entraînant avec lui une caisse qui a été remplie de déblais par la drague, et qui est amenée jusqu'à l'appareil par un chaland-porteur dont vous voyez la construction et qui contient sept caisses semblables. Cette caisse est guidée dans son mouvement par des rainures dont la forme est telle qu'arrivée au bout du plan la caisse se renverse et se vide toute seule. Cela fait, elle redescend et est remplacée par une autre. Deux appareils de ce genre sont installés de chaque côté du canal et desservent une drague. Les chalands-supports et les wagons de rive permettent à ces appareils de se déplacer dans le sens de la longueur du canal au fur et à mesure de la marche du travail.

L'ensemble de ces moyens d'exécution a été l'objet d'études longues et difficiles, et la construction de ce matériel considérable a demandé beaucoup de temps. Mais ce système permettra d'atteindre cet heureux résultat d'exécuter avec un petit nombre d'ouvriers des travaux pour lesquels il aurait fallu, si l'on avait employé les moyens ordinaires, recourir aux bras de 25 à 30,000 hommes. Les fellahs employés dans les premiers temps ne faisaient pas beaucoup de besogne chacun ; car ce sont des ouvriers peu vigoureux et peu habitués à de grands travaux ; mais par leur nombre ils arrivaient cependant à produire beaucoup. Lorsque, les fellahs ayant été supprimés, il s'est agi pour les remplacer d'amener des ouvriers étrangers en Égypte, la tâche a été difficile ; le climat ne s'y prêtait guère, car les ouvriers européens travaillant comme terrassiers ne résistent pas à l'ardeur du soleil d'Égypte. Quant à la population d'ouvriers égyptiens libres, elle était trop peu nombreuse pour nous suffire. Il y a bien dans le voisinage les Grecs de l'Archipel, les Arabes de Syrie, les Bédouins, mais ce sont tous gens peu habitués aux terrassements. Dans tous les cas, il eût toujours été à peu près impossible de pourvoir aux approvisionnements nécessaires à un grand nombre d'ouvriers. Il fallait donc songer à n'amener là que des ouvriers peu nombreux et transformer le travail de manière à réduire le personnel le plus possible par l'emploi sur une grande échelle des moyens mécaniques.

Notre matériel se compose de 18 petites dragues, 60 grandes dragues, dont 22 à couloirs de 70 mètres, les autres desservies par 36 grands porteurs de vase pouvant tenir la mer, 42 gabares à clapets de fond, 30 gabares à clapets latéraux, 18 élévateurs avec leurs 90 chalands flotteurs et leurs 700 caisses, 20 grues à vapeur, 10 chalands à citernes à vapeur, 5 chalands-transports à vapeur, 150 bateaux en fer pour le transport des charbons et approvisionnements, 15 canots à vapeur de différentes grandeurs, 30 locomobiles employées à des travaux divers. Tous ces instruments et machines représentent une puissance de 10,000 chevaux-vapeur, et une dépense de 50 millions de francs. Mais avec ces moyens nous sommes parvenus à faire faire par 30 hommes le travail que feraient 3 à 400 hommes par les procédés ordinaires, et à réduire ainsi le nombre des ouvriers indispensables de 30,000 à 3,000. Nous sommes bien certains d'avoir ces 3,000 ouvriers sans difficultés, puisque nous en employons en ce moment de 8 à 10,000 pour tous nos travaux préparatoires; il y a d'ailleurs cet avantage que les hommes qui fonctionnent sur les dragues et leurs appareils de desserte ne se fatiguent pas; il y a par drague le chef mécanicien et 2 chauffeurs qui ont la besogne la plus forte; le reste est fait par des matelots grecs qui trouvent sur la drague même leur logement et leur nourriture. Des tentes les mettent à l'abri du soleil, et l'évaporation de l'eau produit un courant d'air rafraîchissant et salubre, et tellement frais, que, même en été, il faut que ces matelots aient des vêtements de laine.

La population d'ouvriers qui forme nos chantiers se compose d'un certain nombre d'Egyptiens libres, et, en outre et principalement, d'étrangers attirés par les salaires élevés que nous payons, et dont les bras nous ont servi pour les travaux préparatoires. Nous employons des Syriens, des Grecs, des Dalmates, des Autrichiens, des Italiens et un certain nombre de Français. A l'origine, nous avons essayé de faire contracter des engagements à des ouvriers étrangers, des Marocains, des Grecs, des Dalmates, même des ouvriers français pris en Bretagne. Il s'est produit alors un phénomène que nous aurions dû prévoir ; c'est que ces ouvriers engagés, du moment qu'ils étaient tenus par un contrat et qu'ils savaient qu'on avait dépensé quelque chose pour eux, ne voulaient plus rien faire ; de sorte que, tant que nous avons exigé l'exécution des contrats, nos engagés ont résisté, puis se sont dispersés, préférant mener en Egypte une vie misérable plutôt que d'accomplir leurs engagements. Le jour où, renonçant à notre exigence, pourtant légitime, nous avons oublié les frais que nous avions faits pour eux, et passé condamnation pour ces frais, ces ouvriers sont revenus en majeure partie reprendre le travail qu'ils avaient abandonné.

En définitive, nous avons fait des expériences de tout genre, sur les ouvriers comme sur le matériel, et, d'après leurs résultats, nous avons foi dans le succès de nos procédés et de nos moyens d'exécution. Aujourd'hui, tous nos travaux préparatoires sont terminés, toutes les épreuves difficiles et délicates que comportait l'établissement de nos chantiers, leur installation sur une vaste échelle, l'ouverture d'une grande voie de communication continue entre la Méditerranée et la mer Rouge, suffisante pour tous nos transports, le remplissage du lac Timsah et des lacs artificiels du Serapeum, le transport d'appareils mécaniques considérables jusque dans la mer Rouge, toutes ces épreuves, dis-je, ont reçu la sanction de l'expérience. Nous n'avons plus qu'à mettre en ligne nos dernières dragues, et le problème de l'exécution technique du canal est résolu. (Bravo, bravo !)

Il y a quelque chose de particulièrement intéressant : c'est la parfaite tranquillité et l'application au travail de tous ces ouvriers ramassés de tous côtés, et qui ne sont pas, il faut bien le dire, la fleur des ouvriers. (Sourires.) Eh bien ! il n'y a jamais sur nos chantiers ni trouble, ni agitation ; nous avons suffisamment de facilité à nous faire obéir : l'exécution de ces grands travaux exerce elle-même une influence morale très-marquée sur les populations qui y prennent part. Tout se fait dans les conditions de la plus grande liberté, sans pression aucune, grâce à notre respect pour les engagements pris, et à notre exactitude dans le paiement des salaires. Ces populations, habituellement foulées et maltraitées, et n'agissant que sous la contrainte, ont vu que sur les chantiers du canal de l'isthme de Suez elles étaient bien traitées, bien payées ; il en est résulté parmi elles, pour tout ce qui intéresse nos travaux, une très-heureuse impression, une grande bonne volonté, et, en somme, tout ce monde-là s'empresse de contribuer de grand cœur à une œuvre qui ne profitera pas seulement aux indi-vidus, mais à la civilisation du monde. (Applaudisse-ments.)

Je ne voudrais pas, Messieurs, terminer cette con-férence sans vous dire, après tant d'autres qui en ont déjà parlé et écrit, un mot de l'utilité du canal. Vous savez qu'il abrégera dans une proportion con-sidérable les parcours de la grande navigation; que la distance de 6,000 lieues qui sépare l'Europe de l'Asie, par le cap de Bonne-Espérance, sera réduite à 3,000 lieues. Il est impossible que la coupure de l'isthme de Suez ne fasse pas dans le monde une révolution industrielle et commerciale dont les résul-tats seront incalculables. (Applaudissements.) D'un côté 200 millions d'Européens envoyant leurs produits manufacturés en Orient, produits sortis des pays les plus civilisés de l'Europe, la France, l'Angleterre, la Belgique, l'Allemagne; de l'autre côté 700 millions d'Orientaux consommant ces produits et nous ren-voyant en échange leurs matières premières. L'ouver-ture du canal mettra en rapports nouveaux plus fré-quents, plus intimes, ces millions de producteurs et de consommateurs. — Favoriser ce mouvement, ces échanges, c'est en définitive arriver à la solution la plus vraie du problème de l'amélioration du sort de nos ouvriers, par le développement de notre com-merce, l'extension de nos exportations et l'accroisse-ment d'activité de notre vie sociale. Par conséquent tout ce qui, comme l'exécution du canal de l'isthme de Suez, peut augmenter cette activité, doit être soutenu, encouragé, au point de vue et au profit de l'intérêt national, au point de vue plus élevé et au profit plus large de l'humanité tout entière. Les populations presque sauvages qui bordent cette région limitrophe de l'Europe, de l'Afrique et de l'Asie, auront vu créer à la place de ce qui hier encore était un désert, une large voie, un boulevard qui sera une des grandes routes du monde; elles en recueilleront de sérieux avantages, et, en définitive, pour elles et pour une partie considérable de l'espèce humaine, l'achèvement du canal de Suez aura été un grand pas de fait vers de nouvelles et meilleures destinées. (Bravo! bravo! — Applaudissements redoublés.)

J. SABBATIER

Sténographe du Corps législatif.

PARIS. — IMPRIMERIE DE A. CHAIX ET Cᵉ, RUE BERGÈRE, 20. — 1790.

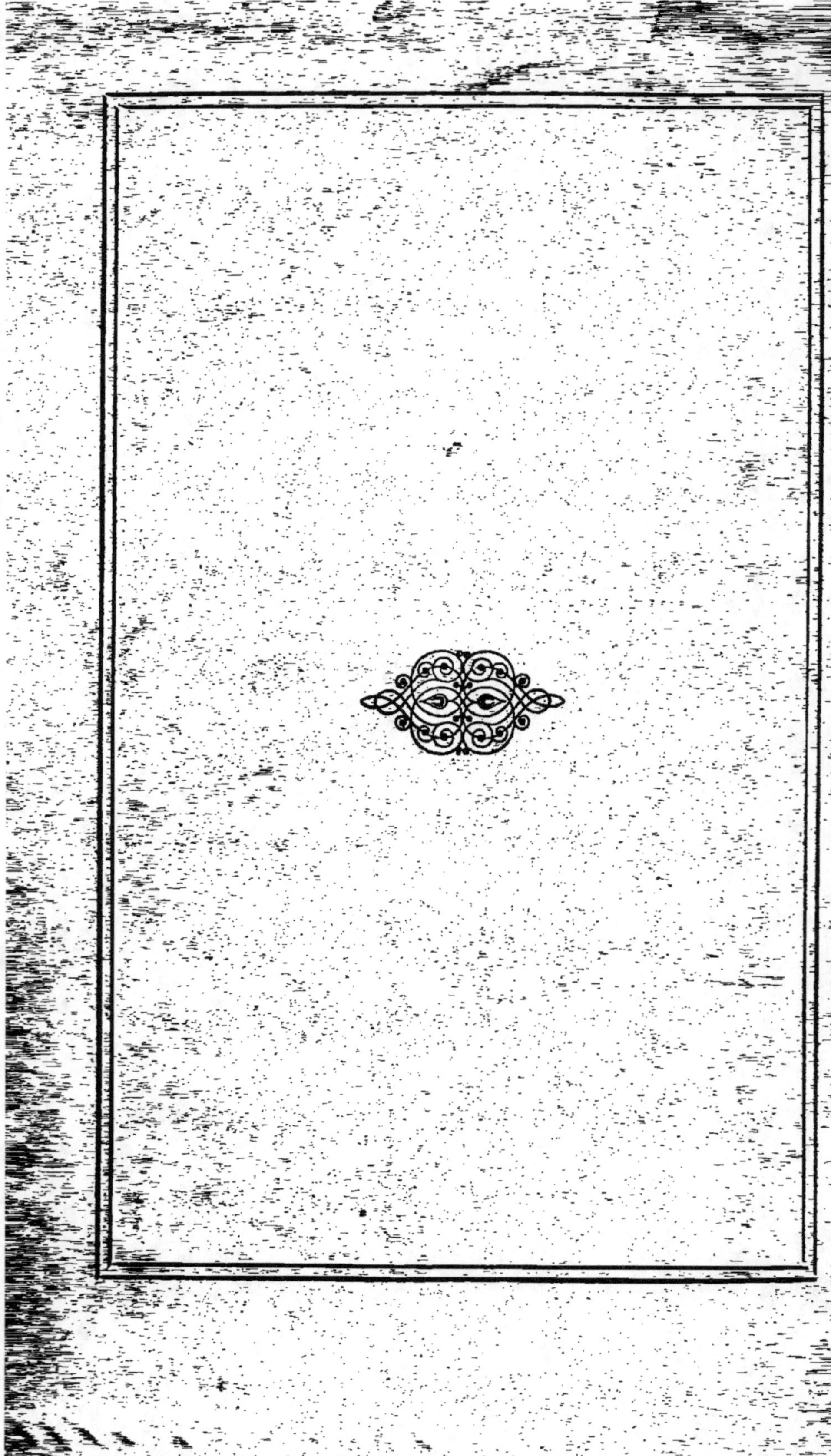

www.ingramcontent.com/pod-product-compliance
Lightning Source LLC
Chambersburg PA
CBHW061326060726
47596CB00003B/1101